Henry Charles Carey

Die Hilfsquellen und der Krieg Nordamerikas

Henry Charles Carey

Die Hilfsquellen und der Krieg Nordamerikas

ISBN/EAN: 9783743494763

Hergestellt in Europa, USA, Kanada, Australien, Japan

Cover: Foto ©ninafisch / pixelio.de

Weitere Bücher finden Sie auf **www.hansebooks.com**

Die Hülfsquellen

und

der Krieg Nordamerika's.

Ein Vortrag
gehalten im December 1865 vor der statistischen Gesellschaft zu New-York

von

Henry C. Carey.

Nach dem amerikanischen Original übersetzt.

Autorisirte Ausgabe.

Berlin.
Verlag von Albert Eichhoff.
—
1866.

Der folgende, Ende December 1865 vor der Newyorker statistischen Gesellschaft gehaltene und jetzt unter meiner Leitung übersetzte Vortrag ist sehr geeignet, sowohl von den gegenwärtigen handelspolitischen Anschauungen der siegreichen republikanischen Partei der Union als auch von der besonderen Denkweise des großen Amerikanischen Nationalökonomen eine lebendige Vorstellung zu verschaffen. Wer Carey's originale und geniale Art und Weise ohne allzu viel Mühe kennen lernen will, wird aus den folgenden paar Bogen wenigstens so viel schließen können, daß der mehr als siebenzigjährige Verfasser derselben wohl ein Mann sein könnte, der bei näherer

Bekanntschaft die Behauptungen derjenigen bewähren möchte, die ihn, wie dies in Frankreich von Seiten Fontenay's und von mir in Deutschland geschehen ist, für den ersten Volkswirthschaftslehrer des Jahrhunderts erklären.

Berlin, im Februar 1866.

Dr. E. Dühring.

Die Hülfsquellen der Union, meine Herren, sind der Gegenstand, von dem wir uns heute Abend unterhalten wollen. Diejenigen, welche gewöhnlich über jenes Thema sprechen oder schreiben, verweisen uns beständig auf die weite Ausdehnung unseres noch nicht occupirten Landes, auf die großen in unserem Boden befindlichen Schätze an Brennmaterial und metallischen Erzen und auf das schnelle Wachsthum unserer Bevölkerung. Allein blicken wir auf diejenigen Völker, denen solche noch unangebaute Ländereien im größten Maße zu Gebote stehen, also auf Rußland, die Türkei, Canada, Mexiko und die Südamerikanischen Staaten, oder auf jenes Europäische Land, in welchem die Bevölkerung so überaus schnell zugenommen hat, auf Irland, so treffen wir gerade dort die ungünstigsten Verhältnisse. Gerade dort hat der Grund und Boden den geringsten Geldwerth; gerade dort ist das Capital am seltensten und der Zinsfuß am höchsten, und nirgend sonst befindet sich der Arbeiter dem Grundbesitzer oder Capitalisten gegenüber in einem näher an Sklaverei grenzenden Zustande. Wenden wir uns zu unserer Heimath und vergleichen wir die verschiedenen Theile der Union mit einander, so finden wir in den Staaten südlich vom Potomac die größten natürlichen Vortheile mit einer Bevölkerung vereint, deren natürlicher Zuwachs sogar größer gewesen ist, als derjenige in unseren nördlichen Staaten. Dennoch ist in jenen südlichen Staaten der Grund und Boden am wohlfeilsten gewesen, ist dort das Capital am wenigsten angewachsen, hat der Zinsfuß die größte Höhe erreicht, und ist der Arbeiter am meisten in Sklaverei gerathen. Gehen wir weiter zu den Neuengland-Staaten über, so finden wir, daß in ihnen, die doch natürlicher Vortheile entbehren, der Grund und Boden schwer zu haben und hoch im Preise und der Mensch frei ist, während Capital im Ueberfluß vorhanden und der Zinsfuß, obwohl, mit gewissen Theilen Europas verglichen, hoch, im Verhältniß zu fast jedem anderen Theile unseres westlichen Continents sehr niedrig ist.

Begeben wir uns auf die andere Seite des Oceans und vergleichen wir zwei kleinere, einander sehr nahe liegende Länder, Irland und Belgien, die beide im Besitz großer natürlicher Vortheile sind, so finden wir Unterschiede, welche den bei uns zu beobachtenden sehr ähnlich sind. In ersterem Lande ist das Capital so knapp gewesen, daß es einerseits den Arbeiter in einem der Sklaverei verwandten Zustande hielt, während andererseits der als Zwischenagent fungirende Geldbesitzer einen großen Theil der früheren Grundeigenthümer gänzlich zu ruiniren vermochte. In Belgien dagegen hat der Grund und Boden einen höheren Preis behauptet, als in irgend einem anderen Theile Europa's, und ist Geld leicht zu einem sehr niedrigen Zinsfuße zu haben gewesen. Wenden wir uns sodann nach Frankreich und dem Türkischen Reiche, so sehen wir uns Erscheinungen gegenüber, welche ihrem Charakter nach den gedachten ähnlich, doch ihrer Ausdehnung wegen noch mehr in die Augen fallen. Frankreich besitzt keine bedeutenden natürlichen Vortheile; dennoch steht sein Grund und Boden dem Belgischen nahezu gleich, und es ist Capital in solchem Ueberfluß vorhanden, daß Geld zu mäßigen Zinsen leicht zu erlangen ist. Die Türkei hingegen besitzt jeden denkbaren natürlichen Vorzug, fruchtbares Land im Ueberfluß, eines der besten Climate der Welt, Brennmaterial und metallische Erze in großer Menge, und dennoch ist dort in einem Maße, wie sonst nirgend in Europa, der Grund und Boden billig, der Zinsfuß hoch, der Arbeiter gedrückt, und in nothwendiger Folge der Staat kraftlos.

Vergleichen wir das Deutschland der Vergangenheit mit dem Deutschland der Gegenwart, so begegnen wir ähnlichen Contrasten. Als es vor vierzig Jahren Wolle und Lumpen aus-, und Tuch und Papier einführte, war seine Bevölkerung arm, der Grund und Boden stand sehr niedrig im Preise, und in politischer Beziehung war es wenig mehr als ein bloßes Werkzeug in den Händen fremder

Mächte. Jetzt, da es Wolle und Lumpen ein- und Tuch und Papier ausführt, sind Boden und Arbeit bedeutend im Preise gestiegen, ist Capital im Ueberfluß vorhanden, sowie der Zinsfuß niedrig, und die Nation fühlt sich, wie sie dies kürzlich in der Herzogthümerfrage bewiesen hat, stark genug, fast dem vereinten Willen Europas Trotz zu bieten.

Angesichts aller dieser Thatsachen kommen wir nothwendig zu dem Schlusse, daß sowohl bei Gesellschaften wie bei Individuen der Wohlstand weit weniger von der Freigebigkeit der Natur, als von dem Gebrauche abhängt, den dieselben von ihren Naturgaben machen. Der hochbegabte Schüler, der Erste seiner Klasse, der aber seine Zeit und seine Talente vergeudet, stirbt in Armuth und von Allen verachtet, wogegen ausdauernder Fleiß dem von der Natur weniger freigebig bedachten Mitschüler Vermögen, Ruf und Einfluß verschafft. Genau so verhält es sich mit den Nationen; die Entscheidung ihres Schicksals, ihres Wohlstandes und Mißstandes hängt nicht von dem Umfange der Naturausstattung ab, sondern durchaus von dem Gebrauche, den sie von dem ihnen beschiedenen Maße derselben machen.

Fassen wir nun die verschiedenen oben erwähnten Gemeinwesen näher ins Auge, so finden wir, daß sie sich in zwei fest begrenzte Classen eintheilen lassen, von denen die eine, welche Irland, die Türkei, Mexiko, Canada und die Südamerikanischen Staaten umfaßt, ihre Erzeugnisse im rohesten Zustande ausführt und Anderen die Arbeit überläßt, sie umzuformen und zur Consumtion für die gesammte Welt geeignet zu machen. Die andere Classe, welche Frankreich, Belgien und den Zollverein umfaßt, kauft die Rohproducte anderer Länder, verarbeitet sie mit den zu Hause gewonnenen und schickt sie beide, so vereinigt, auf alle Märkte der Welt. In den erstgenannten Ländern ist der Preis des Grund und Bodens niedrig, Capital stets spärlich vorhanden und der Capitalist der Herr des Arbeiters, dessen Lage jenem gegenüber sich wenig besser stellt, als die eines bloßen Holzhauers und Wasserträgers gegenüber dem Vermittler seines geringen Verkehrs mit der Außenwelt.

Blicken wir auf unser eigenes Land, so finden wir, daß sich für unsere Union eine eben solche Eintheilung machen läßt. Der Süden und der Westen führen Rohprodukte aus und bezahlen den höchsten Zinsfuß für das wenige verfügbare Geld. Der Norden und der Osten indessen kaufen jene Produkte, formen sie um und schicken sie den ursprünglichen Producenten zurück, belastet mit den schweren Zöllen, denen unsere Freunde im Osten die großen Capitalien zu verdanken haben, welche immer bereit liegen zum Ausleihen gegen Zinsen, die, wie schon erwähnt, im Verhältniß zu denen des Westens und Südens mäßig sind, obschon hoch im Vergleich mit denen der vorhin gedachten Europäischen Staaten.

Prüfen wir alle diese Thatsachen, die sich bei so vielen bedeutenden Gemeinwesen unseren Blicken darbieten, so gelangen wir unvermeidlich zu dem Schlusse, daß das Wachsthum des Capitals sich verzögert und der Preis für dessen Nutzung steigt in geradem Verhältniß zu der Abhängigkeit vom Auslande in Bezug auf die vollständige Verarbeitung und die Vertheilung der Bodenerzeugnisse, daß dagegen das Capital schnell anwächst und sein Preis fällt im Verhältniß zu der Zunahme der nationalen Unabhängigkeit, welche jede Nation in den Stand setzt, direct und ohne fremde Vermittlung in Anspruch zu nehmen, mit jeder anderen ihre Produkte auszutauschen. Giebt man dies zu, und alle Erfahrung beweist, daß es sich so verhält, so hängt die Ausdehnung der nationalen Hülfsquellen hauptsächlich von der eingeschlagenen Politik ab, je nachdem diese dahin zielt, deren Unabhängigkeit zu befördern oder zu hemmen.

Die Fragen, die von der Wissenschaft gestellt werden, lauten: „Welches sind die Thatsachen?" und „Welches sind die Ursachen derselben?" Die erste dieser Fragen haben wir oben beantwortet und kommen nun zu der zweiten. „Wie kommt es, daß Armuth, hoher Zinsfuß und Unterwerfung des Arbeiters unter den Willen des Capitalisten beständig jener politischen Richtung zur Seite gehen, deren Tendenz darauf abzielt, die Nationen auf die zwei Beschäftigungen, die auf dem Felde und die im Laden, d. h. auf Handel und Ackerbau zu beschränken?" Hierauf hat vor Kurzem ein wohlbekannter Bürger Ihres Staates geantwortet, einer der klarsten und scharfsinnigsten Oekonomisten, ein Mann, dem auch ich, wie ich hier mit Freuden anerkenne, so manchen werthvollen Wink zu verdanken habe, mein Freund, Herr Peshine Smith; und zwar ist diese Antwort so gut ausgefallen, daß ich sie Ihnen, obwohl sie noch nicht veröffentlicht worden, mit seiner Erlaubniß in den Worten seines jetzt in meinen Händen befindlichen Manuscripts hiermit vorlege. Sie lautet:

„Die längere oder kürzere Zwischenzeit, welche die Consumtion eines beliebigen Lebensbedürfnisses von dem Zeitpunkt seiner Produktion trennt, ist ein Intervall unproductiver Ruhe. Während das Erzeugniß in diesem Zustande beharrt, steht es als ein Denkmal der menschlichen Macht und der Naturkräfte da. Diese Kräfte, die sich in der Formgebung des Produkts so zu sagen ausgegeben haben, schlummern gleichsam, indem sie in ihren Lebensäußerungen unterbrochen sind. Sie ertheilen nicht nur keinen Anstoß zu jener unaufhörlichen Thätigkeit, welche das charakteristische Merkmal des Lebens ist, sondern bilden sogar im Augenblick wirklich ein Hinderniß und eine Hemmung, welche lebendige Kräfte erforderlich macht, um jenes Product wieder in Bewegung zu setzen. Letzteres kann mit einem unorganischen Körper verglichen werden, der in einem Organismus befindlich, eine Störung desselben verursacht.

„Der Raum, der durchlaufen werden und die Zeit, die verfließen muß, ehe jenes Product durch die Consumtion seine Nützlichkeit entwickelt und so wieder von Neuem ein Werkzeug und eine Kraft wird — dieser Raum und diese Zeit sind die Coefficienten seines Werthes, welche in demselben Verhältniß, in welchem das Product in jener Weise in seinen Wirkungen gelähmt bleibt, die Macht des Gemeinwesens neutralisiren. So hängt denn also die Zunahme des Reichthums von der Geschwindigkeit der gesellschaftlichen Circulation ab. Es ist also der Grund derselben nicht die Schnelligkeit, mit welcher die Erzeugnisse im Raum fortgeführt werden, und auch nicht die Häufigkeit der Uebergänge aus einer Hand in die andere, sondern die Stetigkeit und der Zusammenhang der Umwandlung durch die unmittelbare Aufeinanderfolge von augenblicklicher Produktion und Consumtion. Gerade hiermit ist nothwendig die Concentration und die Vermischung der Producenten und Consumenten, die Zunahme des Reichthums und die Vervielfältigung der Beschäftigungen verbunden."

Vergleichen wir nun diese Theorie mit der wirklichen Praxis. Nehmen wir an, ein Scheffel Weizen sei producirt und repräsentire an geistiger und körperlicher Kraft den Werth eines Dollars. Ist der Consument ganz in der Nähe, so tritt der Producent augenblicklich wieder in den Besitz des ganzen von ihm ausgegebenen Capitals. Sind keine Consumenten da, so speichert der Farmer den Weizen in seiner Scheune auf, so daß er auf diese Weise sehr an Zinsen verliert. Ein Nachbar erbietet sich zum Transport, wofür er Zinsen fordert, und zwar im Verhältniß zu der Zeit, die voraussichtlich verfließt, ehe sich ein Consument findet. Ein Händler kommt, übernimmt seinerseits das Geschäft des Fortführens und beansprucht weitere Zinsen. In dieser Weise geht das Product aus einer Hand in die andere und von einer Stadt zur andern, bis es endlich in Lyon oder Manchester einen Consumenten findet und unterwegs, blos in der Gestalt von Zinsen, vielleicht den halben Preis bezahlt hat, für den es schließlich verkauft wird.

Was von diesem einzigen Scheffel gilt, gilt ebenso von den Hunderten von Millionen Scheffeln Weizen, Roggen und Mais; von den Tausenden von Millionen Pfund Baumwolle; von den Hunderttausenden Centnern Rind= und Schweinefleisch, Reis und Taback, die sich überall in Scheunen und Magazinen, auf Wagen und Schiffen befinden und auf das Erscheinen Derjenigen harren, welche bereit sind, dafür Tuch, Hausgeräth, Pflüge, Eggen und die tausend anderen den Pflanzern und Farmern nöthigen Bedürfnißgegenstände zu geben. Das Ganze bildet eine Masse versteinerten Capitals, das auf Kosten des Producenten fortgeführt wird, und man übertreibt nicht, wenn man den so gleichsam versteinerten Betrag im gegenwärtigen Augenblick auf fünfhundert Millionen Dollars schätzt, die sämmtlich Zinsen zahlen. Blicken Sie ein halbes Dutzend Jahre zurück auf jene Periode der Lähmung, von welcher das ganze Land vor dem Kriege befallen war, so werden Sie finden, daß der Betrag des todten Capitals, das damals im Transport begriffen war, die Summe von tausend Millionen bedeutend überstiegen haben muß. Können wir uns also über die hohen Preise wundern, welche ungeachtet der erstaunlichen Goldentdeckungen in Californien und Australien damals für die Nutzung kleiner Geldmengen von unseren Farmern und Pflanzern gezahlt wurden? Ich glaube nicht.

Nehmen wir nun an, es wäre damals in der ganzen Ausdehnung des Landes in nächster Nähe der Producenten die er=

forderliche Anzahl von Consumenten mit einem Male ins Dasein getreten, welche für jene ganz enorme Productenmasse einen unmittelbaren Markt gebildet hätte. Der Eine hätte dann zum Austausch persönliche Dienste angeboten, ein Anderer Baumwollenwaaren, ein Dritter Wollenwaaren, ein Vierter Spaten und Hacken u. s. w. durch das ganze Capitel der Bedürfnisse des Farmers hindurch. Plötzlich und fast wie durch Zauberei würde die Zinsbelastung aufgehört haben, würde das versteinerte Capital zu Leben und Thätigkeit gelangt, würden Rechnungen bezahlt, aufgesammelte Schulden getilgt worden sein, und würde der Farmer, anstatt von dem benachbarten Wucherer die Mittel zum Ankauf von Zucker, Thee und Kaffee entlehnen zu müssen, sich im Besitz eines Ueberschusses gesehen haben, den er sogleich zum Anschaffen der ganzen Maschinerie verwenden konnte, welche zur Verdopplung des Products seiner Arbeit und seines Grund und Bodens geführt haben würde. Wie hoch können wir nun wohl den Gewinn veranschlagen, der sich aus einer solchen Ersparniß an Capital für das ganze Gemeinwesen würde ergeben haben? Sicher wäre die Ziffer doppelt so hoch gewesen als der bloße Betrag der Ersparungen der 12, 15, 20, 30 oder 40 Procent, welche im ganzen Lande gezahlt werden mußten und dürfte dieselbe viele hundert Millionen repräsentirt haben. Im Leben der Nationen wie in dem der Individuen wird daher der sicherste Weg zum Reichthum und zur Macht in der Geschwindigkeit der Circulation und in der daraus folgenden Ersparung an Arbeit und Zinsen zu suchen sein.

Der hier vorausgesetzte Fall ist nun genau ein solcher, wie er sich in allen Ländern wiederfindet, in denen der Consument und der Producent benachbart sind. Der aus dem Süden nach Neuengland kommende Reisende fragt: „Wo sind Eure Scheunen?" und findet die Antwort in der Thatsache, daß alle Ernteerträge unmittelbar nach der Production auch sogleich consumirt werden. Ebenso ist es in der Umgebung unserer Städte, wo der Marktgärtner auf augenblickliche Nachfrage nach allen seinen Producten trifft. Dies ist auch der Fall in Belgien und in Frankreich, und daher kommt es, daß in diesen Ländern Capital im Ueberfluß vorhanden und Geld stets zu den niedrigsten Zinsen zu haben ist.

Woher jedoch, wird man fragen, hätte die gewaltige Menge

Arbeit kommen können, die erforderlich gewesen wäre, um die enorme Masse jenes versteinerten Capitals fast plötzlich zu beleben? Ehe ich auf diese Frage antworte, erlauben Sie mir, Ihre Blicke auf die außerordentliche Verschwendung menschlicher Kraft zu lenken, die sich in jedem Lande der Welt findet, wo wegen Mangel an Mannigfaltigkeit der Beschäftigungen keine regelmäßige und beständige Nachfrage nach jener Kraft vorhanden ist. Faßt man alle Länder zusammen, welche ich als solche bezeichnet habe, die Rohproducte ausführen, also Rußland, Irland, Canada, Mexiko und Südamerika, so dürfte nicht zu bezweifeln sein, daß die Kraftvergeudung unter sechs Theilen fünf betrifft, und doch repräsentirt ein jedes verlorene Element eine gewisse Quantität Capital in der Form der für den Lebensunterhalt verwendeten Speise, Kleidung und Wohnung. Jeder Dollar an Werth, der zu jenem Capital gehört, ist unter Voraussetzung der Unterstützung der Naturkräfte sicherlich fähig, das Doppelte, wo nicht das Dreifache der ausgegebenen Quantität zu produciren, und sobald er dies wirklich thut, wird das Gemeinwesen von Tag zu Tag fortwährend bis zum Belauf der ganzen Differenz reicher. Wenn dagegen die Dienste des Arbeiters nicht verlangt werden, wird das Gemeinwesen bis zum ganzen Betrag der Consumtion ärmer. Hiernach läßt sich leicht begreifen, warum in allen zuletzt genannten Ländern das Capital spärlich und der Zinsfuß hoch sein muß.

Zwischen der Arbeit und den Producten derselben besteht der wichtige Unterschied, daß die letzteren während der zwischen der Production und Consumtion liegenden Zwischenzeit aufbewahrt werden können, dies aber mit der Arbeit selbst nicht der Fall ist. Der Eigenthümer von Capital, das in der Gestalt von unconsumirtem Weizen versteinert ist, verliert nur die Zinsen, wogegen der Eigenthümer von unconsumirter Arbeit Capital verliert, da die Arbeitskraft diejenige Capitalart ist, welche für immer verloren geht, wenn sie nicht im Augenblick der Production consumirt wird. Je augenblicklicher die Nachfrage nach menschlichen Diensten und je schneller die Circulation ist, um so größer muß die Zunahme der Macht und Stärke sein; denn das den gesellschaftlichen Körper beherrschende Gesetz ist dasselbe, dessen Giltigkeit für den physischen Körper wir täglich wahrnehmen und das in dem Wunsche seinen

Ausdruck findet, „dem Appetit möge gute Verdauung und beiden Gesundheit entsprechen."

Die Capitalmenge, welche in den Jahren vor dem Kriege, in der Gestalt von Rohproducten versteinert, auf Wiederbelebung wartete, ist, wie Sie gesehen haben, auf viel mehr als tausend Millionen Dollars geschätzt worden. Wie es mit dem Capital in Gestalt von Muskelkraft stand, davon erhalten wir einen Begriff durch die folgende Stelle aus einem Berichte einer Ihrer Wohlthätigkeitsgesellschaften, welcher die Zustände schildert, wie sie hier im December 1855, fast zwei Jahre vor dem Eintreten der großen Crisis von 1857 waren. Sie lautet:

„Bis jetzt hat die Gesellschaft 6,622 Familien unterstützt, die aus 26,896 Personen bestehen, und unter denen sich viele unbeschäftigte Handwerker und Wittwen mit unselbstständigen Kindern befinden, die ohne Unterstützung nicht leben können. Mit dem Vorrücken der Jahreszeit wird die Noth noch zunehmen. Im vergangenen Winter war sie im Januar dreimal so groß wie im December und erreichte ihren Höhepunkt erst Ende Februar."

Dies ist das Gepräge aller Berichte, welche in jenem Augenblick in der ganzen Union hätten gemacht werden können. Wohin wir auch unsere Blicke wendeten, sahen wir Männer und Frauen unbeschäftigt, weil die Bergwerke verlassen, die Hochöfen außer Betrieb gesetzt, die Fabriken und Werkstätten geschlossen und die Farmer außer Stande waren, Nachfrage nach Arbeit zu halten, indem ihnen nur die Wahl blieb, ihre Producte entweder aufzuspeichern oder zu den damals geltenden ruinirenden Preisen zu verkaufen. Hätten wir das ganze Land, vom Norden bis zum Süden und vom Osten bis zum Westen durchmustert, so würde sich zuverlässig haben behaupten lassen, daß damals täglich zwei Drittel des in der Production menschlicher Kraft angelegten Capitals verschwendet wurden. Schätzen wir nun die nationale Arbeitskraft als gleichwerthig mit derjenigen von acht Millionen Menschen und die Productionskraft dieser durch Maschinenkraft gehörig unterstützten Arbeit auf nur zwei und einen halben Dollar für den Kopf täglich, so beliefe sich der Verlust auf dreizehn Millionen Dollars täglich oder 4,000,000,000 Dollars jährlich. Das Capital in der einen Gestalt wurde auf diese Weise vernichtet, weil anderes Capital versteinert lag, nämlich in Form von Korn, Weizen, Bauholz, Reis und andern Waaren, für welche kein Markt zu finden war; und daher war, obwohl uns die Schätze Californiens zu Gebote standen, das Geld theuer und der öffentliche sowie der Privat-Credit äußerst heruntergekommen.

Nachdem wir in dieser Weise gezeigt haben, wie die Zinsen und dasjenige Capital verschwendet wurde, welches nothwendig die Gestalt körperlicher und geistiger Kraft annehmen mußte, wollen wir einen Augenblick die Vergeudung einzelner Gegenstände betrachten. In Frankreich wird das Stroh auf 150,000,000 Dollars geschätzt, aber in unserm ganzen Westen wird es vergeudet, weil der Markt dafür fehlt, der nur in solchen Gemeinwesen entsteht, in denen die Beschäftigungen mannigfaltig sind. In England wird der Dünger auf 100,000,000 ₤ veranschlagt. Auch in der Nähe unserer Städte wird der Dünger sehr geschätzt; jedoch in dem ganzen Theile unseres Landes, welcher seine Producte in ihrer rohesten Gestalt auf den Markt sendet, findet eine beständige Entziehung der Elemente der Fruchtbarkeit statt, wovon die Wirkung in einer Abnahme der Bodenkräfte zu bemerken ist. Wie enorm der hierdurch verursachte Schaden ist, kann man beurtheilen, wenn man erwägt, daß vor mehr als einem Dutzend Jahren und zwar von einer großen Autorität festgestellt wurde, wie der Gesammtbetrag unserer jährlichen Vergeudungen „nicht niedriger veranschlagt werden könnte, als auf das Aequivalent der mineralischen Bestandtheile von fünfzehn hundert Millionen Scheffeln Korn." Wohl konnte der Urheber dieser Angabe ausrufen, „daß wir durch unsere Güterschlächterei und durch unsere Verschwendung von Jahr zu Jahr mehr die Elemente der Lebenskraft verlieren, und daß, obwohl unser Land noch nicht durch diesen Verlust des Lebensblutes geschwächt sei, die Stunde zu berechnen wäre, wo, falls das herrschende System fortbauerte, der letzte Herzschlag der Nation aufhören und Amerika, Griechenland und Rom unter den Staaten der Vergangenheit beisammen zu finden sein würden!"

Der erfahrene Landwirth ist fortwährend in der Anfertigung einer Maschine begriffen, indem er Material nutzbar macht, das bisher zu den Zwecken des Menschen unbrauchbar war, und die Summe der so entwickelten Nützlichkeiten findet sich in dem gesteigerten Ertrage seiner Arbeit und in dem vermehrten Werthe des Bodens. Indem er tief pflügt, macht er es möglich, daß sich die oberen Bodenschichten mit den tieferen vermischen können, und je vollkommener diese Vermischung stattfindet, desto größer ist ihr Ertrag. Indem er sein Feld drainirt, ermöglicht er dem Wasser das schnelle Hindurchfließen durch dasselbe und als Ergebniß hiervon erzielt er beträchtlich vermehrte Ernten. Das eine Mal gräbt er den Mergel und bedeckt damit die Oberfläche, ein anderes Mal bricht er den Kalkstein, der seinen schweren Boden leichter macht und die Gefahr, welche ihm bald durch übermäßigen Regen, bald durch Trockenheit droht, vermindert, und jemehr er aus seinem Lande zieht, desto größer ist jedenfalls die Düngerquantität, welche er ihm zurückerstatten kann, vorausgesetzt, daß der Markt in der Nähe ist.

Mit jedem Fortschritt in dieser Richtung werden die verschiedenen Nützlichkeiten der Rohmaterialien in der Umgebung mehr und mehr entwickelt, und mit jedem solchen Schritt gelangt er zu einer Vermehrung des Reichthums. Die neue Fabrik macht Granit nöthig, und die Häuser der Arbeiter erfordern Steine und Holz, und nun erlangt das Gestein des Bergabhanges, der Thon im Thalgrunde und der Baumwuchs, von dem sie so lange bedeckt waren, in den Augen aller Umwohnenden einen Geldwerth. Der im Steinbruch gewonnene Granitstaub wird in seinem Garten nützlich befunden, da er ihn in den Stand setzt, den Kohl, die Bohnen, die Erbsen und die kleineren Früchte für den Bedarf der benachbarten Arbeiter zu liefern. Die Glasfabriken brauchen Sand, und die Glasfabrikanten verlangen Pfirsiche und Aepfel, und je größer die Zahl Derjenigen, welche Glas fabriciren, desto größer ist die Leichtigkeit, dem Boden Dünger zurückzuerstatten und die Kornernten zu vermehren. Von einer Seite ergeht an ihn die Nachfrage nach Pottasche und von der andern nach Krapp. Der Wollfabrikant begehrt Kardendisteln, und der Besenbinder drängt ihn, den Anbau desjenigen Gewächses auszudehnen, aus dem die Besen gemacht werden. Die Korbmacher und die Pulverfabrikanten machen sich den Ertrag seiner Weiden streitig, und auf diese Weise findet er, daß die Mannigfaltigkeit der Beschäftigungen unter seinen Nachbarn eine Mannigfaltigkeit der Nachfragen nach seinen körperlichen und geistigen Kräften und nach der Benutzung des Bodens in den verschiedenen

Jahreszeiten hervorbringt, womit eine stete Zunahme der Kräfte und des Werthes seines Bodens verbunden ist. Nichts wächst, wie wir uns versichert halten können, vergebens; damit aber die Nützlichkeit der verschiedenen Bodenproducte entwickelt werden könne, ist Vereinigung nöthig, und diese kann nicht stattfinden, wenn die Beschäftigungen nicht vervielfältigt sind. Ist Letzteres der Fall, so wird auch jeder Gegenstand von Tag zu Tag mehr nutzbar gemacht. Das Stroh, welches sonst vergeudet werden würde, wird Papier, und die Späne vom Baume ersetzen den fehlenden Vorrath an Lumpen, wobei wiederum ein beständiger Zuwachs des Bodenwerthes und des Gewinnes für Diejenigen, welche die Bodenkräfte entwickeln, die Begleitung ist.

Gerade das Gegentheil aller dieser Verhältnisse stellt sich klar heraus, sobald der Consument vom Producenten entfernt und dadurch die Macht der gesellschaftlichen Vereinigung geschwächt ist. Der Krapp, die Kardendistel und die Korbweide werden nicht mehr verlangt, und der Granit, der Thon und der Sand bleiben an der ihnen von der Natur angewiesenen Stelle. Die gesellschaftliche Circulation nimmt ab, und mit dieser Abnahme sind wir Zeuge einer beständig zunehmenden Verschwendung der Kräfte des Menschen und der großen demselben vom Schöpfer zur Benutzung verliehenen Maschine, d. h. des Bodens. Die Zeit des Menschen wird vergeudet, weil er seinen Boden nicht nach freier Wahl verwenden kann. Er muß Weizen, Baumwolle, Zucker oder irgend ein anderes Lebensbedürfniß pflanzen, das sich seines geringen Umfanges wegen zum Transport nach dem entfernten Markt eignet. Er vernachlässigt seine Obstbäume und benutzt seine Kartoffeln als Futter für die Schweine. Er vergeudet seine Lumpen und sein Stroh, weil keine Papiermühle in der Nähe ist. Er verbrennt seine Waldbäume, um für die dadurch gewonnene Asche eine Kleinigkeit zu erhalten. Seine Baumwollensaat erschöpft und vergeudet den Boden. Er zerstört endlich die Faser des Flachses, um den Samen zu verkaufen. Er muß nicht nur seinen Weizen auf einem entfernten Markt verkaufen und hierdurch sein Land aussaugen, sondern wird sogar genöthigt, die Knochen des mit seinem eigenen Korn gemästeten Viehes fortzusenden. Der Ertrag nimmt deshalb regelmäßig an Menge ab, während die von Witterungswechseln drohende

Gefahr wegen der nun unvermeidlichen Abhängigkeit von einer einzigen Ernte sich beständig vergrößert, und die Kräfte des Bebauers sich verringern, bis er sich endlich nicht nur in sklavischer Abhängigkeit von der Natur, sondern auch von denjenigen seiner Nebenmenschen sieht, deren körperliche Kräfte größer als die seinigen sind. Der Satz, daß die Dichtigkeit der Bevölkerung die Nahrung den fruchtbareren Bodensorten entnehmbar macht und so die Menschen in den Stand setzt, ihre Macht über die verschiedenen Naturkräfte immer weiter auszudehnen, ist eine Wahrheit, deren Bestätigung man auf jeder Seite der Geschichte finden kann, und ebenso wahr ist es, daß zum Anbau jener Bodensorten die Entwickelung der latenten Kräfte des Menschen erforderlich wird, welche nur in solchen Gemeinwesen eintritt, wo die Beschäftigungen vervielfältigt sind.

Fassen wir die bisher erwähnten verschiedenen Posten der Verschwendung zusammen, so erhalten wir eine Summe, welche jährlich nach Tausenden von Millionen Dollars zählt und die Thatsache hinlänglich erklärt, daß das Capital hier stets spärlich und der Zinsfuß hoch war, und daß wir gezwungen waren, unsere Communicationsmittel aus dem Ausland zu beziehen und dessen Hülfe mit ruinirend hohen Preisen zu bezahlen, und daß, als schließlich der Bankerott da war, wir uns Auflagen auszusetzen hatten, wie der so oft angeführten von Sydney Smith. Dennoch sind wir bezüglich dieser seiner Verschwendungsfrage jetzt erst an der Schwelle derselben.

Wir haben Land im Ueberfluß, aber nicht die Macht, es gehörig und vollständig anzubauen. Wir haben Bauholz im Ueberfluß, aber es fehlt uns die nöthige Kraft, es auf den Markt zu bringen. Wir haben Eisenerz im Ueberfluß, aber stehen zurück in Ansehung der Macht, es in Aexte, Pflüge, Schienen und Maschinen umzuwandeln, und doch besitzen wir in unsern Kohlenlagern, welche die des gesammten Europa an Größe weit übertreffen, einen unerschöpflichen Vorrath desjenigen Materials, von dem ein einziger Scheffel die Arbeit von Hunderten von Menschen zu verrichten im Stande ist. Warum fördern wir es nicht zu Tage? Weil uns das zum Bohren von Schachten und zum Ankauf von Maschinen erforderliche Capital fehlt, und dennoch lagen in der vorhin erwähnten Periode mehr als tausend Millionen Capital auf Kosten der

Producenten versteinert, und wurden bei uns täglich Millionen von dem Arbeitskapital verschwendet, dessen gehörige Anwendung den Wohlstand der Nation so beträchtlich vermehrt haben würde. Wie erstaunlich die Vermehrung ausgefallen sein würde, die man auf diese Weise hätte bewerkstelligen können, läßt sich nach den Resultaten beurtheilen, welche vor noch nicht langer Zeit in Californien und erst ganz kürzlich in den Oelbezirken Pennsylvaniens und der angrenzenden Staaten erzielt worden sind. Noch viel erstaunlicher als die gesammten in den genannten Ländern hervorgebrachten Ergebnisse hätten die Wirkungen sein müssen, welche der Entwickelung unserer wunderbaren und fast universalen Hülfsquellen an Kohlen und Erz mit Anwendung von nur einem einzigen Fünftel desjenigen Arbeitscapitals gefolgt wären, das in jenen traurigen Jahren Tag für Tag verschwendet wurde — Jahre, in denen wir den Häuptern der Secession den Weg pflasterten. Man sagt nicht zu viel, wenn man den jährlichen Zuwachs zum Reichthum der Nation, der sich nur von dieser einen Seite her und vermittelst dieser vergleichungsweise geringen Ersparung ergeben haben würde, auf 1,000,000,000 Dollars schätzt.

Sobald wir unterlassen, unseren Reichthum an Mineralien zu entwickeln, verschwenden wir nothwendigerweise die geistige Kraft, zu deren Entwickelung wir so viel für Schulen und Universitäten ausgeben. Unter den sieben und dreißig Millionen, welche gegenwärtig die Bevölkerung der Union ausmachen, ist die Mannigfaltigkeit und Verschiedenheit der Anlagen ebenso groß wie die der Gesichter, so daß sich die eine natürliche Ausstattung besser für diese, die andere wieder besser für jene Beschäftigung eignet. Um Jedermann in den Stand zu setzen, die Stelle einzunehmen, in welcher er im höchsten Maße zur Vergrößerung des Reichthums und der Macht und zur Förderung der gesellschaftlichen Interessen beitragen kann, ist jene Mannigfaltigkeit der Beschäftigungen erforderlich, welche niemals in einem Lande entstehen kann, das seine Producte im rohesten Zustande ausführt. In allen solchen Ländern steckt der runde Mensch in einem viereckigen und der viereckige in einem runden Loche, so daß auf diese Weise beide der Macht beraubt sind, zum Gedeihen des Gemeinwesens, dem sie angehören, ihr gehöriges Theil beizutragen. Ein solcher Zustand war nun in derjenigen

Periode, von der ich rede, mehr als in jeder andern Epoche unserer Geschichte wahrzunehmen, und als nothwendige Folge hiervon war der Antheil der nicht eigentlich producirenden Mittelspersonen jeder Art im Verhältniß zu denjenigen der wahren Producenten größer als vielleicht in irgend welchem auderen auf Civilisation Anspruch machenden Lande. Da das Capital, welches damals träge und nutzlos dalag und auf Kosten seiner Producenten Zinsen zahlte, nicht verfügbar war, wurden Mühlen, Bergwerke und Hochöfen geschlossen, und Leute, die für die Consumtion die verschiedenartigsten Bodenerzeugnisse hätten liefern sollen, sahen sich genöthigt, Schreiber und Händler, Advocaten und Aerzte zu werden und so die Zahl Derjenigen, welche auf die producirten Gegenstände Anspruch machten, genau in dem Maße zu vergrößern, in welchem die Production abnahm.

Die Accumulationskraft steht im socialen wie im physischen Körper in geradem Verhältniß zur Geschwindigkeit der Circulation. Die Circulation war zu der in Rede stehenden Zeit im höchsten Grade träge, und daher kam es, daß ungeachtet der kolossalen Erträge der Californischen Bergwerke das Capital versteinert, der Credit geschwächt und der Zinsfuß in unserm ganzen Westen meines Bedünkens so hoch wie nie zuvor war. Die damalige Vergeudung körperlicher und geistiger Kraft hat zuversichtlich keine Parallele in der Geschichte der civilisirten Welt. Angesichts dieser Thatsache habe ich damals meinen Freunden oft gesagt, daß der Tarif von 1846 dem Lande nicht weniger als 3,000,000,000 Dollars jährlich kostete; aber jetzt bin ich überzeugt, daß ich der Wahrheit viel näher gekommen wäre, wenn ich den doppelten Betrag angenommen hätte.

Berücksichtigen wir jene Vergeudung nur in so weit, als sie sich auf die 20,000,000 unserer Freistaatenbevölkerung erstreckte, so hielt sich dieselbe während der ganzen Periode der Buchanan'schen Verwaltung auf ihrem Höhepunkt. Nach den Producten unserer Landwirthschaft war unter den Manufacturnationen Europas fast buchstäblich keine Nachfrage, und unsere dorthin gerichteten Ausfuhren von Nahrungsmitteln betrugen in den letzten drei Jahren vor der Secession im Durchschnitt nur 10,000,000 Dollars. Das Getreide wurde damals in unserem Westen als Brennmaterial benutzt, und der Producent desselben verlor auf diese Weise nicht allein die Zinsen seines Capitals, sondern sogar das so angelegte Capital selbst. Arbeitskraft war im Uebermaß vorhanden, und die Leute suchten in allen Richtungen Beschäftigung, die sie in den Stand setzen könnte, Lebensmittel zu kaufen. Die Fabriken und Hochöfen standen verlassen, und der einheimische Verkehr war so gering, daß die Actien einer Anzahl der wichtigsten Eisenbahnen des Landes auf einen Durchschnittscours von weniger als fünfzig Procent fielen und denselben eine lange Zeit einhielten. Jahre lang hatten wir erprobt, wie hoch die Ausgabe an Arbeit für die Erzielung eines vorgeschriebenen Ergebnisses gesteigert werden konnte. Dieses Experiment war das gerade Gegentheil von demjenigen, welches der mit Erfolg gekrönte Producent von Korn oder Baumwolle, Tuch oder Eisen anstellt. Die Wirkung bekundete sich ganz einfach in der Thatsache, daß das Gemeinwesen gelähmt und so gänzlich von Kraft entblößt war, daß, wenn die Regierung damals in den Fall gekommen wäre, von den gesammten 32,000,000 Einwohnern die geringe Summe von nur hundert Millionen Dollars fordern zu müssen, diese Summe kaum hätte geliefert werden können.

Dessen ungeachtet waren, nachdem Herr Buchanan kaum von der Regierung abgetreten, drei Fünftel der Nation (nur 20,000,000 an Zahl) im Stande, die Ausführung des großartigsten Denkmals zu beginnen, welches die Welt je gesehen hat, eines Denkmals, das während der ganzen seitdem verflossenen fünf Jahre im Durchschnitt die Dienste von mehr als einer Million Menschen oder mehr als fünf Procent der Gesammtbevölkerung, Männer und Frauen, Kranker und Gesunder, Junger und Alter in Anspruch genommen hat. Diese Dienste sind nicht bloß überhaupt geleistet worden, sondern es ist dies während der ganzen Periode in Hinsicht auf die gute Kleidung und Verproviantirung der Leute sowie auf die vorzügliche Unterstützung mit Transportmitteln in einer Ausdehnung und bis zu einem Grade der Vollkommenheit geschehen, die in der Weltgeschichte ohne Gleichen ist. Alle Materialien wurden beschafft und fortgeschafft, die nur irgend erforderlich waren, um den Bau, in dessen Aufführung man begriffen war, den von den Egyptischen Königen aufgerichteten Pyramiden an Dauerbarkeit gleich zu machen. Erstaunlich war das Werk in seiner Unternehmung; erstaunlicher ist die Thatsache, die wir vor uns sehen, nämlich seine so schnelle und so vorzügliche Vollführung, jene Vollendung eines Denkmals, welches in aller Zukunft als ein Zeugniß der Menschenmacht einzig hervorragen wird.

Woher stammte diese außerordentliche Kraft, die wir in dieser Weise sich bethätigen sahen? Wie konnte es geschehen, daß ein Volk, welches 1860 so überaus entkräftet gewesen war, in den folgenden Jahren Ausgaben im Betrage von tausend Millionen Dollars jährlich zu machen vermochte? Die Antwort auf diese Frage ist in der Thatsache zu finden, daß die Bedingungen der nationalen Existenz sich vollständig verändert hatten, indem Leben und Thätigkeit der früheren Lähmung gefolgt und die gesellschaftliche Circulation zu einer bisher in keinem Gemeinwesen erhörten Energie gesteigert war. Zum ersten Mal zeigte sich ein Volk, bei welchem die Nachfrage nach der Arbeit und allen Producten derselben dem Angebot voraneilte, wodurch der Farmer und der Pflanzer in den Stand gesetzt wurden, das Zinsenzahlen für das so lange in den rohesten Formen landwirthschaftlicher Production versteinert gewesene Capital einzustellen und auf diese Weise die Nachfrage nach anderer Arbeit zu steigern, welche auf die Entwickelung unseres mineralischen Reichthums und auf die Umwandlung der Erzeugnisse unserer Hügel und Thäler, unserer Farmen und Bergwerke in unmittelbare Lebensbedürfnisse verwendet worden war. Das Geheimniß, meine Herren, das Geheimniß all der Kraft, welche neuerdings so entschieden bethätigt worden ist, — all der Kraft, deren außerordentliches Maß die ganze Welt stutzig gemacht hat, ist in dem einfachen, von mir bereits erwähnten Grundsatze enthalten, dessen Wahrheit Sie in den Büchern jedes Kaufmanns Ihrer großen Stadt bestätigt finden, und der sich in der ebenfalls schon angeführten Formel ausdrückt: Die Accumulationskraft steht in geradem Verhältniß zur Geschwindigkeit der Circulation.

Welcher Art war nun aber die in Anwendung gebrachte Kraft? Was war der Grund, daß Thätigkeit so plötzlich auf Apathie gefolgt, daß Leben und Energie an Stelle der Lähmung getreten war, welche bis dahin bestanden hatte? Wären diese Fragen vor einem Jahre gestellt worden, so würden neun Zehntel unserer Bevölkerung behauptet haben, daß die Ursache jenes Wechsels in den Bedürfnissen der Regierung und der daraus folgenden Nachfrage

gesucht werden, mit dem Aufhören dieser Nachfrage aber auch das
Ende jenes Aufschwungs eintreten müßte. Dennoch hätte sich in
der ganzen Masse Derer, die so geantwortet haben dürften, sicherlich kein Einziger finden lassen, der erklärt haben würde, wie die
Thatsache, daß die Arbeitskraft einer Million Menschen anderen Be-
schäftigungen entzogen wurde, und wie die Nothwendigkeit, diese
Million, so lange sie in der Aufrichtung jenes Denkmals begriffen
war, zu nähren und zu kleiden, — wie diese beiden Umstände auf
irgend einem Wege die von uns hier beobachteten außerordentlichen
Resultate hätten hervorbringen sollen. Wer die damals herrschende
Thätigkeit der Nachfrage der Regierung zuschreibt, verwechselt die
Wirkung mit der Ursache. Es war die Kraft, die aus einer in der
Geschichte ganz unerhörten Lebhaftigkeit der Circulation entsprang,
durch welche die Regierung in den Stand gesetzt wurde, den Krieg
zu führen; und jene Kraft existirte trotz und nicht zufolge der Bedürfnisse der Regierung. Der letztere Sachverhalt wird Ihnen
vollkommen deutlich werden, wenn Sie bedenken, wie, abgesehen
von den Bedürfnissen und Ansprüchen der Regierung, jene volle
Million Menschen, welche mit der Aufrichtung unseres großen Mo-
numentes betraut war, hätte landwirthschaftlichen Beschäftigungen
obliegen können. Alle diese Menschen hätten Ländereien urbar
machen, Schachte bohren, Kohlen und Erz graben und letztere in
der Gestalt von Blei, Kupfer oder Eisen vereinigen, sowie Ziegel-
steine und Bauholz zurichten können. So würden sie Vorräthe von
Rohmaterialien geliefert haben, welche auf der Stelle in Tausende
von größeren und kleineren Fabriken und Werkstätten, und in Tuch
und Eisen, in Spaten und Schaufeln, in Röcke und Hüte umgewandelt werden konnten, und zwar für den Bedarf einer Bevölkerung, bei der die Nachfrage nach körperlicher und geistiger Kraft
das Angebot in einem Grade überstieg, an welchen sich die unbe-
dingte Nothwendigkeit knüpfte, Zehntausende von Maschinen zu
bauen und so bis zum jährlichen Betrage der Kraft von Decaden
von Millionen Menschen die wunderbare Macht des Dampfes an
Stelle derjenigen des menschlichen Armes zu setzen. Bei solcher
Anwendung würde jene selbe Kraft an Lebensbedürfnissen wenigstens
für 3,000,000,000 Dollars mehr erzielt haben, als unsere wirkliche
Production betragen hat. Von diesen Milliarden würde jeder

einzelne Dollar Arbeit zu kaufen gesucht und auf diese Weise den Lohn des Arbeiters beträchtlich vergrößert haben. Die Accumulationskraft würde sich unter solchen Umständen mehr als verdreifacht haben, womit eine beständige Verminderung des Zinsfußes und der Macht des Capitalisten, die Bewegungen des Arbeiters zu bestimmen, verbunden gewesen wäre, da Freiheit, Reichthum, Macht und Civilisation immer mit dem Wachsthum der Macht zunehmen, den Consumenten neben den Producenten zu stellen und so die Geschwindigkeit der gesellschaftlichen Circulation zu steigern.

Die Wahrheit, daß die wunderbare Lebhaftigkeit jener Circulation nicht in den Bedürfnissen und der Nachfrage der Regierung ihren Grund hatte, wird, glaube ich, allen Denen einleuchtend sein, welche die oben dargelegten Thatsachen sorgfältig erwägen. Worin war denn nun aber die Ursache jener lebhaften Anregung zu finden? In der Annahme einer vor sechs Jahren zu Chicago von der großen republicanischen Partei gefaßten Resolution, der zufolge die Producte der Farm nicht länger genöthigt sein sollten, träge zu bleiben und Zinsen zu verlieren, während sie auf Nachfrage von entfernten Märkten warteten; der zufolge das Capital, welches täglich die Gestalt von Arbeitskraft annahm, nicht länger der Vergeudung preisgegeben werden sollte; der zufolge das in unserem Boden befindliche Brennmaterial nicht länger an dieser Stelle als bloße Unterlage fremder Schienen verbleiben sollte; der zufolge die Kraft, welche damals in der Gestalt von Kohle versteinert lag, allenthalben in den Stand gesetzt werden sollte, den menschlichen Arm zu unterstützen; der zufolge unsere großen Schätze an Eisenerz in Gerätschaften und Maschinen umgewandelt werden sollten, um dann als Ersatz der bloßen Muskelkraft dienen zu können; kurz, der zufolge unsere sämmtlichen wunderbaren Hülfsquellen materieller und moralischer Art mit einem Male zur Entwickelung gebracht werden sollten. Dies, meine Herren, war die Absicht und die Bedeutung der in jenem Augenblick und an jenem Orte gefaßten kurzen Resolution, welche bei der ersten günstigen Gelegenheit vom Congreß bestätigt werden sollte, wie es geschah, als der Morrill-Tarif an jenem denkwürdigen 2. März des Jahres 1861 zum Landesgesetz erhoben wurde. Diesem Gesetz, welches noch durch die bewundernswürdige Operation des die Circulationsmaschinerie liefernden Schatzes unterstützt wurde, haben wir gegenwärtig für die Thatsache zu danken, daß wir im Stande gewesen sind, in dem kurzen Zeitraum von fünf Jahren und mit einem Aufwande von Tausenden von Millionen Dollars jenes großartige Monument aufzurichten, von dem ich Ihnen vorhin gesprochen habe. Jenem Gesetz haben wir es zu danken, daß wir in eben jenen Jahren mehr Nahrungsmittel producirt, mehr Häuser und Fabriken gebaut, mehr Bergwerke eröffnet und mehr Straßen angelegt haben als jemals zuvor, und daß wir den Reichthum des Landes so beträchtlich vergrößert haben, daß das Eigenthum der loyalen Staaten gegenwärtig für zweimal so viel Gold austauschbar sein würde, als vor fünf Jahren für das gesammte bewegliche und unbewegliche Eigenthum aller Staaten und Territorien der Union (den Süden ausgenommen) zu erhalten gewesen wäre.

Rechnen wir nun das Capital, das in der oben beschriebenen Weise gelähmt war, zu demjenigen hinzu, welches während der Buchanan'schen Verwaltung geradezu vergeudet wurde, so erhalten wir einen Betrag, von dem ein Drittel hingereicht hätte, um so viele Fabriken zu bauen und zu versorgen, als deren in ganz Britannien zu der Umwandlung von Wolle und Baumwolle in Zeug verwendet werden, so viele Hochöfen, als dort an der Umwandlung von Kohle und Erz in Blei, Kupfer und Eisen arbeiten und ebenso viele Mühlen, als jetzt bei der Production von Stangeneisen in Thätigkeit sind; um so viele Schachte zu bohren, als erforderlich gewesen sein würden, um der menschlichen Arbeit all jene Unterstützung zu gewähren, welche offenbar das Resultat einer Kohlenconsumtion sein muß, deren Kraft als mit derjenigen von sechs hundert Millionen Menschen gleichwerthig angenommen wird, und um die Menge und den Geldwerth unserer verschiedenen Producte zu verdoppeln, zum großen Vortheil unserer ganzen Bevölkerung, Leiher und Darleiher, Arbeitsgeber und Arbeiter, Händler und Fabrikanten, Erbauer von Eisenbahnen und Schiffseigenthümer, und zwar auf Grund einer vollkommenen Harmonie aller wahren und dauernden Interessen. Ein Theil und noch dazu nur ein kleiner Theil jenes Capitals ist vermittelst eines National=Freihandelssystems seit jener Zeit gespart worden, und durch diese Ersparung sind wir in den Stand gesetzt worden, auf das große oben erwähnte Werk

Arbeit und Lebensbedürfnisse zu verwenden, welche ihrem jährlichen Geldwerthe nach der enormen Summe von 1,000,000,000 Dollars gleich sind.

Um die Exactheit der oben dargelegten Ansichten zu beweisen, will ich jetzt folgende sehr kurze Uebersicht unserer Industriegeschichte Ihrer Betrachtung unterbreiten.

Vor einem halben Jahrhundert endete der zweite Krieg mit Großbritannien und hinterließ unser Volk im Besitz einer hinreichenden Anzahl von Fabriken und Hochöfen, die alle zur Erzeugung von Nachfrage nach Arbeit und Rohmaterialien jeder Art beitrugen. Geld war damals in reichlicher Menge verfügbar, die Arbeit fand Nachfrage, die Löhne waren hoch, und die Staatsschuld war unbeträchtlich.

Zwei Jahre später kam das System, welches auf Steigerung unserer Abhängigkeit von auswärtigen Märkten ausgeht, uud das als das Britische Freihandelssystem bekannt ist, und mit einem Mal fand sich Alles verändert. Die Fabriken und Hochöfen wurden geschlossen, die Arbeit fand nicht mehr Nachfrage, und die Armenhäuser waren allenthalben angefüllt. Während das Geld knapp und die Zinsen hoch wurden, fiel der Grund und Boden auf ein Drittel seines früheren Preises. Die Banken stellten ihre Zahlungen ein. Der Sherif fand allenthalben Beschäftigung, und die Hypothekengläubiger gelangten überall in den Besitz ihrer Pfandobjecte. Die Reichen wurden reicher; aber der Farmer und der Handwerker und Alle, die nicht sehr reich waren, wurden ruinirt. So gering die Ausgaben der Regierung damals waren, konnte sie der Schatz nicht bestreiten. Dies war die Lage der Dinge, welche dem General Jackson zu der Frage Veranlassung gab: „Wo hat der Amerikanische Farmer für seine überschüssigen Producte einen Markt?" Seine eigne Antwort hierauf ist auf die gegenwärtige Zeit so anwendbar, daß ich sie als eine solche anführe, die verdiente, von jedem Patrioten im Bereich der ganzen Union Tag für Tag und Woche für Woche gelesen zu werden:

„Ausgenommen für Baumwolle hat er weder einen auswärtigen noch einen einheimischen Markt. Beweist nun dieser Umstand, daß der Markt weder hier noch anderwärts zu finden ist, nicht klar und deutlich, daß die Menge der in der Landwirthschaft angelegten Arbeit zu groß ist, und daß die Arbeitscanäle vervielfältigt werden müssen? Der gesunde Verstand trifft auf der Stelle das richtige Heilmittel. Zieht aus der Landwirthschaft die überflüssige Arbeit zurück, verwendet sie im Handwerk und in der Manufactur, schafft hierdurch einen einheimischen Markt für Eure Brodstoffe, vertheilt die Arbeit so nach einem den größten Vortheil versprechenden Anschlage, und die wohlthätigen Wirkungen werden nicht ausbleiben. Nehmt von der Agricultur der Vereinigten Staaten sechshundert tausend Männer, Frauen und Kinder fort, so bildet Ihr mit einem Mal einen einheimischen Markt für den Absatz von mehr Brodstoffen, als ihn uns gegenwärtig ganz Europa darbieten kann. Kurz, wir sind zu lange der Politik der Britischen Kaufleute unterworfen gewesen. Es ist Zeit, daß wir etwas mehr amerikanisirt werden, und daß wir anstatt der Arbeiter und Armen Europas endlich die unsrigen ernähren, widrigenfalls wir in kurzer Zeit dadurch, daß wir in unserer gegenwärtigen Politik fortfahren, selbst zu solchen Armen werden müssen."

Der hier beschriebenen Sachlage verdankten wir 1828 die erste Annahme eines National=Freihandelssystems. Fast von dem Augenblick des Erlasses der Tarifacte des gedachten Jahres an, trat Thätigkeit und Leben an die Stelle der früheren Lähmung. Hochöfen und Fabriken wurden gebaut; die Arbeit fand Nachfrage, die Einwanderung nahm zu, und die Nachfrage nach den Producten der Farm wurde so groß, daß unser Markt die Wirkung von Veränderungen kaum verspürte, die damals den englischen betrafen; die Staatseinkünfte wuchsen mit solcher Schnelligkeit, daß es nothwendig wurde, Thee, Kaffee und viele andere Artikel von Zöllen zu befreien, und schließlich wurde die öffentliche Schuld gänzlich getilgt.

Die Weltgeschichte zeigt bis zu jenem Augenblick kein Beispiel einer so allgemeinen Prosperität, wie diejenige war, welche hier am Tage der Aufhebung des großen nationalen Tarifs von 1828 herrschte. Wäre er aufrecht erhalten worden, so hätten wir nicht nur keinen Secessionskrieg gehabt, sondern es würde auch zur gegenwärtigen Stunde der Süden einen gesellschaftlichen Zustand aufzuweisen haben, in welchem die Landeigenthümer reich geworden, indem ihre Sklaven stufenweise zur Freiheit gelangt wären, und zwar Letzteres zum

Vortheil für sich, für ihre Eigenthümer und für die gesammte Nation. Er wurde jedoch vermittelst einer Reihe von Abstufungen 1834, 1836 und während der folgenden Jahre beseitigt, und es wurde diese Beseitigung von einer beständigen Folge von Freihandelscrisen begleitet, so daß 1842 das Ende ein Zustand der Dinge war, welcher das gerade Gegentheil der oben beschriebenen Verhältnisse darstellte. Die Fabriken und Hochöfen wurden geschlossen; die Handwerker darbten; das Geld war selten und theuer; der Grundbesitz war auf die Hälfte seines früheren Preises gesunken; der Sherif hatte überall zu thun; die Banken suspendirten ihre Zahlungen; die Staaten verweigerten die Bezahlung ihrer Schulden; der Schatz, außer Stande, im Inlande auch nur eine einzige Million zu irgend einem Zinsfuß zu borgen, war gezwungen, an den Thüren aller großen Bankhäuser Europa's um Credit zu betteln und sich die Demüthigung einer Abweisung gefallen zu lassen; der Bankerott unter den Kaufleuten und Händlern war so allgemein, daß der Congreß sich genöthigt sah, bald nachher ein Bankerottgesetz zu erlassen.*)

Wiederum und zum dritten Male wurde das nationale System durch den Erlaß der Tarifacte von 1842 hergestellt. Unter demselben stieg in weniger als fünf Jahren die Eisenproduction von 220,000 auf 800,000 Tonnen, und es wurde die Prosperität so allgemein, daß, so groß auch die Productionszunahme war, sie dennoch nicht im Geringsten ausreichte, um der großen Nachfrage zu

---

*) Am 12. Januar 1843 berichtete Herr Walter Forward, damaliger Schatzsecretär, dem Congreß über das Resultat von Unterhandlungen in Betreff einer Anleihe von 3,500.000 Dollars, welche im April 1842 eingeleitet worden waren. Nur zwei Gebote waren auf die Anleihe gemacht worden, eins von 50,000 und eins von 60,000 Dollars, beide zu 96 Procent bei jährlichen sechs Procent und zwanzigjähriger Dauer. Der Secretär sagte in einem speciellen Bericht an den Congreß: „Das wiederholte Fehlschlagen der Unterhandlungen im Inlande auf vortheilhafte oder annehmbare Bedingungen machte es räthlich, einen Agenten ins Ausland zu senden, um zu versuchen, ob sich in England oder auf dem Continent eine günstige Negotiation bewerkstelligen ließe. In Folge dessen wurde für dieses Geschäft ein Mann gewählt, der in Rücksicht auf Intelligenz und Rechtschaffenheit die höchste Achtung genoß; derselbe verließ die Vereinigten Staaten im vergangenen Juli. Ich bedaure, mittheilen zu müssen, daß er zurückgekehrt ist, ohne die Absicht seiner Sendung erfüllt zu haben." — N. A. Review, Jan.. 1865.

entsprechen. Bergwerke wurden überall eröffnet. Fabriken wurden überall gebaut. Das Geld war so reichlich und so billig, daß der Sheriff nur wenig Beschäftigung fand. Die Staats- und Privateinkünfte waren so groß wie nie zuvor, und durch das ganze Land herrschte ein so großer und allgemeiner Wohlstand, wie ihn die Weltgeschichte nie gekannt hat.

Im Jahre 1846 bahnte sich jedoch die Schlange, die bei dieser Gelegenheit durch Britische Freihändler recht eigentlich repräsentirt wurde, noch einmal den Weg in's Paradies, und nun verfloß ein Dutzend Jahre, in deren Verlauf, aller Entdeckungen Californischer Minen ungeachtet, das Geld einen höheren Zinsfuß behauptete, als wir, soviel ich weiß, jemals sonst während einer so langen Zeit in unserm Lande erfahren haben. Britisches Eisen und Tuch kam herein, und unser Gold wanderte aus, und mit jedem folgenden Tage wurde die Abhängigkeit unserer Farmer von auswärtigen Märkten vollständiger. Mit dem Jahre 1857 erreichte das System seinen Culminationspunkt. Die Kaufleute und Fabrikanten fanden sich ruinirt; die Banken waren gezwungen, ihre Zahlungen einzustellen, und der Schatz sah sich in einen Zustand des Bankerotts versetzt, der demjenigen sehr nahe kam, welcher am Schluß der 1817 und 1834 eingeleiteten Freihandelsperioden bestanden hatte. In den folgenden drei Jahren war die Arbeit überall im Uebermaß vorhanden, waren die Löhne niedrig, fiel die Einwanderung unter den Punkt, auf welchem sie vor zwanzig Jahren gestanden hatte, verringerte sich der einheimische Markt für Nahrungsmittel, und erwies sich der ausländische als so durchaus werthlos, daß die jährliche Ausfuhr nach allen Manufacturländern Europa's, wie schon gezeigt worden, nicht viel über 10,000,000 Dollars betrug.

Was war der Grund dieser Erscheinung? Warum war die auswärtige Nachfrage nach Nahrungsmitteln nicht mit unserer in Rücksicht auf Tuch und Eisen constituirten Abhängigkeit vom Auslande ebenfalls gewachsen? Weil das Britische Freihandelssystem in Wahrheit thatsächlich ein Monopolsystem ist! Weil es auf die Idee basirt ist, einerseits die Concurrenz im Verkauf der Arbeit anzuspornen und dadurch den Arbeiter zum Sklaven zu machen, und andrerseits die Concurrenz im Verkauf der Bodenerzeugnisse anzuspornen und dadurch jedes Gemeinwesen zum Sklaven zu machen, das dem System nicht Widerstand leistet*). In dem Augenblick, von dem ich rede, hatte sich der Geldwerth Britischer Arbeit, der kolossalen Erträge an Californischem und Australischem Gold ungeachtet, durchschnittlich fast gar nicht vergrößert, während die fremde Concurrenz im Angebot von Nahrungsmitteln für den Britischen Deminutivmarkt den Preis der Letzteren auf einen Punkt reduzirt hatte, welcher meines Wissens niedriger war, als der vor einem halben Jahrhundert erreichte.

Es kam die Rebellion; sie fand unsere Arbeiter unbeschäftigt, die Staats- und Privateinkünfte im Sinken, einen leeren Schatz und einen sehr geschwächten Staatscredit. Mit ihr jedoch kam auch die Macht, noch einmal, und zwar zum vierten Male eine Wiederherstellung jenes nationalen Systems durchzusetzen, welches zum Schutze derjenigen erforderlich war, die für ihre Nahrungsmittel oder für ihre Arbeit eines Marktes bedurften. Jener Schutz hat noch nicht fünf Jahre gedauert, und dennoch sind, wie gezeigt worden, seine Wirkungen so wunderbar gewesen, daß er, während er uns in den Stand gesetzt hat, der Regierung viertausend Millionen Dollars zu geben, den Werth der Arbeit und des Grund und Bodens so beträchtlich vergrößert hat, daß trotz der Eigenthumszerstörungen im Süden die Nation im Ganzen gegenwärtig fast zweimal so reich ist, wie zuvor.

Die Geschichte der so durchmusterten Periode läßt sich nun kürzer auf folgende Art feststellen:

Das in den Jahren 1813, 1828 und 1842 aufgerichtete National-Freihandelssystem hinterließ seinem Nachfolger, dem Britischen Monopolsystem (was auch das	Das in den Jahren 1817, 1834, 1846 und 1857 aufgerichtete Britische Monopolsystem hinterließ seinem Nachfolger:

---

*) Von dem Betrage, den das Britische Volk für Zucker, Thee, Kaffee und Tabak zahlt, gelangt nicht einmal ein Achtel zu den armen Leuten, welche jene Artikel produciren. Die andern sieben Achtel vertheilen sich auf die Regierung und die Mittelspersonen, und zwar erhält die Erstere davon nahezu hundert Millionen Dollars. Das nennt man Freihandel! Unter seiner Herrschaft sieht sich der Producent von Tuch der Macht beraubt, Zucker zu kaufen, während der Producent von Zucker nackend geht, weil er außer Stand ist, sich ein Hemd zu kaufen.

von 1861 voraussichtlich mit sich bringen wird):

Große Nachfrage nach Arbeit.	Arbeit, die allenthalben Verwendung suchte.
Hohe Löhne und billiges Geld.	Niedrige Löhne und theures Geld.
Reichliche Staats- u. Privateinkünfte.	Geringe und beständig sinkende Staats- und Privateinkünfte.
Bedeutende und beständig zunehmende Einwanderung.	Abnehmende Einwanderung.
Großen über alles Frühere hinausgehenden National- und Privatwohlstand.	Fast allgemeinen öffentlichen und Privatbankerott.
Wachsende nationale Unabhängigkeit.	Wachsende National-Abhängigkeit.

Dies ist die Geschichte der Vergangenheit. Möge unser Volk dieselbe studiren, so wird es, denke ich, die Ursachen des gegenwärtigen Wohlstandes begreifen. Hierauf möge es selbst entscheiden, ob es vorwärts gehen will in der Richtung der individuellen und nationalen Unabhängkeit oder in derjenigen der zunehmenden individuellen und nationalen Abhängigkeit.

Ein Studium jener Geschichte würde überzeugen:

den **Händler**, daß je thätiger das Capital des Landes, um so größer die Mannigfaltigkeit der Beschäftigungen, und je größer die Nachfrage nach menschlichen Diensten, um so umfangreicher die Produktion, um so größer die Menge der auszutauschenden Gegenstände, um so geringer die Nothwendigkeit, zum Handel als dem fast einzigen Unterhaltsmittel seine Zuflucht zu nehmen, um so geringer die Concurrenz unter den Händlern selbst und um so größer die Wahrscheinlichkeit sein müsse, seine und seiner Kinder Unabhängigkeit zu sichern;

den **Kaufmann**, daß je größer die Vervielfältigung der Beschäftigungen bei unserm Volk, und je mehr wir unsere Producte für die unmittelbare Consumtion geeignet machen, um so größer die Mannigfaltigkeit der für den allgemeinen Bedarf nöthigen Waaren; um so größer unsere Nachfrage nach den Erzeugnissen entfernter Länder; und um so zahlreicher die

Märkte sein müssen, welche ihm als Verkäufer oder als Käufer offen stehen;

den Schiffseigenthümer,
- I. daß je größer die Nachfrage nach Arbeit, um so größer die Einwanderung von Menschen, welche Arbeit zu verkaufen haben, und um so größer die Nachfrage nach Schiffen;
- II. daß je thätiger das Capital des Landes, um so niedriger der durchschnittliche Zinsfuß, und um so größer seine Macht, mit dem Eigenthümer fremder Schiffe zu concurriren;
- III. daß je thätiger jenes Capital, um so zahlreicher die fortzuschaffenden fertigen Lebensbedürfnisse sein werden; um so größer die Anzahl der Märkte, nach denen er seine Schiffe senden kann; und um so größer die Nachfrage nach Zucker, Kaffee und Rohmaterialien der Manufacturen, also Producten solcher Länder, die keine Schiffe haben;
- IV. daß dagegen, je träger jenes Capital, um so höher der Zinsfuß sei, und wir um so mehr auf die Ausfuhr von Rohproducten beschränkt bleiben; um so geringer die Zahl unserer Märkte sein, und um so mehr er selbst sich genöthigt sehen müsse, mit dem niedrigen Zinsfuße und den von den Britischen und Deutschen Schiffseigenthümern gezahlten niedrigen Löhnen zu concurriren;
- V. daß seit der Einführung des Dampfes die Schifffahrtsfrage eine bloße Frage des Zinsfußes, zu welchem Capital geliefert werden kann, geworden sei und von Tag zu Tag mehr werden müsse, und daß, wenn wir je die kürzlich eingenommene Position auf dem Ocean wieder erobern wollen, dies nur die Folge einer Politik sein könne, welche dahin wirkt, die Consumenten und die Producenten zusammenzubringen, wodurch die Bewegung des Capitals in der Gestalt von Nahrung sowie geistiger und physischer Kraft beschleunigt und somit die Accumulation befördert wird;

den Eisenbahnkönig,
- I. daß, je schneller die gesellschaftliche Circulation, um so größer die Menge der fortzuschaffenden Menschen und Sachen sein müsse;
- II. daß je schneller die Entwickelung unserer großen minera-

lischen Schätze, um so größer die allgemeine Versorgung mit Eisen, und um so größer die Tendenz desselben sein müsse, im Preise zu fallen;

III. daß alle Erfahrung die Thatsache beweist, daß der Preis des ausländischen Eisens immer niedrig ist, wenn die Amerikanischen Eisenherren prosperiren, und dagegen immer hoch, wenn die Amerikanischen Hochöfen außer Thätigkeit sind;

VI. daß in Folge dessen die Amerikanischen Eisenbahnen immer prosperirt haben, wenn der Binnenverkehr in schneller Zunahme begriffen war, daß dieselben dagegen immer in sehr gedrücktem Zustande gewesen sind, wenn nach dem Willen der auswärtigen Händler der innere Verkehr geopfert wurde.

den Landeigenthümer, daß wenn das Capital in lebendiger Thätigkeit, dann auch der Zinsfuß niedrig und die Arbeit sehr gesucht ist, und gerade dann fremdes Capital und fremde Arbeit zu seinem, des Landeigenthümers, großen Vortheil zu uns kommen, um bei uns Verwendung zu suchen;

den Farmer, daß je größer die einheimische Consumtion seiner Producte, um so weniger er sich gezwungen sehe, mit den Agriculturnationen Europa's in England zu concurriren, und daß jemehr jene Voraussetzung statt hat, die Preise auf jenem maßgebenden sowie auch auf dem großen einheimischen Markt um so höher ausfallen müssen;

den Manufacturisten im Osten, daß je mehr unsere mineralischen Hülfsquellen entwickelt werden und je mehr die Leute im Süden und Westen sich auf die Production der gröberen Zeuge legen, um so größer bei ihm selbst die Nachfrage nach den einträglicheren Fabrikaten feinerer Qualität sein müsse;

den Bankier, daß alle unsere Geldkrisen und alle aus ihnen entstehenden Verluste in Zeiten des Britischen Freihandels eingetreten sind, und daß Alles, was erforderlich, um uns für die Zukunft vor ihrer Wiederkehr zu sichern, in der vollkommenen Annahme einer Politik besteht, welche auf die Förderung der Geschwindigkeit der gesellschaftlichen Circulation gerichtet ist;

den Philantropen, daß je schneller die Circulation, um so

größer das Streben in der Richtung auf Verbesserung der
Lage des schwarzen wie des weißen Arbeiters sein müsse;
den Finanzminister, daß die Macht, andauernd zum Unterhalt
der Regierung beizutragen, immer in geradem Verhältniß zur
Geschwindigkeit jener Circulation existirt hat und nothwendig
in diesem Verhältniß existiren mußte;
den Inhaber von Obligationen, daß Zahlungsweigerung
immer die Folge von Circulationsstockung gewesen ist, und daß
er vollkommene Sicherheit für sich und seine Kinder in einer
bestimmten Richtung und ausschließlich in dieser finden könne,
in derjenigen nämlich, welche zu größerer Combination der
Volkskräfte dadurch führt, daß Producenten und Consumenten
einander immer näher gebracht werden;
den Oekonomisten, daß der Britische Freihändler sich zwischen
alle Producenten und Consumenten der Welt zu stellen und
auf Kosten derselben zu bereichern sucht, und daß der wahre
Weg zur Nationalmacht und zum Nationalreichthum im Wider=
stande gegen jenes System zu suchen ist;
den Staatsmann, daß die Perioden unserer nationalen Schwäche
immer diejenigen gewesen sind, in welchen die Producenten
und Consumenten mehr und mehr in den Zustand einer wei=
teren Trennung und Zerstreuung geriethen; daß dagegen die
Perioden unserer Stärke diejenigen waren, in welchen wir ein
nationales System aufrecht hielten, wie z. B. als wir vor
dreißig Jahren mit Hülfe des Tarifs von 1828 unsere National=
schuld endlich gänzlich tilgten, und ebenso, als wir vor zwanzig
Jahren mit Hülfe des Tarifs von 1842 die Zinsenzahlung für
unsere auswärtige Schuld wieder aufnahmen, und endlich jetzt,
da wir eben die Aufrichtung des größten und kostbarsten Denk=
mals vollendet haben, daß die Welt je gesehen hat und vielleicht
je sehen wird;
den Mann, in welchem eine Spur von Nationalgefühl vorhanden
ist, daß das eine große Hinderniß, welches der dauernden Auf=
richtung eines gesunden nationalen Systems entgegensteht, in
der Opposition des Auslandes und namentlich desjenigen Volkes
zu suchen sei, welches neuerdings so überaus thätig und in

3*

seinen Anstrengungen unermüdlich gewesen ist, den Süden bei der Zerstörung der Union zu unterstützen;

das ganze Volk, daß die menschliche Kraft, sei es des Geistes oder der Muskeln, diejenige Waare ist, welche Alle zu verkaufen haben; daß sie sich im Augenblick der Produktion erschöpft, und daß in dem Maße, in welchem die Nachfrage nach ihr augenblicklich erfolgt, an derselben gespart wird, so daß dann die Productionskraft um so umfangreicher, die Löhne um so höher, die Accumulationskraft um so beträchtlicher, der Zinsfuß um so niedriger, und die auf Freiheit und Frieden im In- und Auslande zielende Tendenz um so mächtiger wird;

den Christen, daß die Politik, welche auf Steigerung der Geschwindigkeit der Circulation ausgeht, nothwendigerweise die Tendenz hat, den Lohn der Arbeit zu vergrößern und eine Verbesserung der materiellen und moralischen Lage des Arbeiters zu bewirken, und daß wer diese Politik vertheidigt, dazu beiträgt, das große Gebot in Ausführung zu bringen, welches die Basis des Christenthums bildet: **Alles, was ihr wollt, daß euch die Leute thun, das thut ihr ihnen auch.**

Die Gesichtspunkte, die ich hier dargelegt habe, unterscheiden sich gar sehr von denjenigen, welche der Welt von jener Englischen Schule beigebracht werden, die behauptet, „daß der Schmuggler der große Reformator des Zeitalters sei", und von denjenigen ihrer Jünger, welche ihre Theorieen erst kürzlich an unserer ganzen südlichen Küste zur praktischen Ausführung gebracht haben. Dieser Gegensatz hat seinen Grund darin, daß, während die von jener Schule dem ganzen Auslande aufgedrungene Politik gerade das Gegentheil von dem ist, was jeder Manchester=Fabrikant ausübt, unsere National=Freihandelspolitik, welcher wir unseren jüngsten großen Erfolg und unseren gegenwärtigen Wohlstand verdanken, sich in voller Uebereinstimmung mit der Praxis jedes reüssirenden Handwerkers, Fabrikanten und Landwirths der civilisirten Welt befindet. Was wünschen diese Letzteren? Wünschen sie nicht, menschliche Dienste zu sparen? Sind sie zu diesem Behufe nicht überaus freigebig in der Anlegung von Nahrung und Kleidung für die Schöpfung von Maschinerie, indem sie so die Produkte der Arbeit und des

Capitals an Stelle der Arbeit selbst treten lassen? Nimmt das Capital nicht überall in geradem Verhältniß zu dieser Stellvertretung und Ersetzung zu, und erzeugt solche Zunahme nicht neue Nachfrage nach menschlicher Arbeit, womit dann eine Ausdehnung der Production, eine Erhöhung der Löhne und eine Steigerung der Fähigkeit verbunden sein muß, noch in weiterem Umfange Capital an Stelle der Arbeit treten zu lassen? Auf diese Fragen kann man offenbar nur bejahend antworten.

Studiren wir aber die Schriften der Britischen Volkswirthschaftslehrer, so finden wir dieselben nichtsdestoweniger mit Rathschlägen angefüllt, wie sich Producte in der Gestalt von Geld sparen lassen, wobei gänzlich außer Acht gelassen ist, daß die Arbeit in geradem Verhältniß zur schnellen Consumtion ihrer Produkte erspart wird. Sagen Sie diesen Theoretikern, daß die in Irland in einem einzigen Jahre vergeudete Arbeit mehr als hinlänglich sein würde, um der Irländischen Nation Fabriken und Maschinen zur Umwandlung aller in Amerika producirten Baumwolle zu schaffen, so werden sie erwiedern, daß Manchester dem Irländischen Arbeiter billigere Hemden liefere, als es diejenigen thun könnten, welche Irländische Arbeit und Irländisches Brennmaterial bei der Verfertigung von Zeug für die Irländer verwenden würden. Beweisen Sie ihnen durch die größte Freihandelsautorität, daß in den Gegenden Rußlands, in welchen die Beschäftigungen nicht vervielfältigt sind, die Lage des freien Arbeiters schlimmer ist als die des Leibeigenen, so werden sie Ihre Aufmerksamkeit auf die niedrigen Preise lenken, zu denen sie Röcke und Hüte liefern. Zeigen Sie ihnen, wie ich es, vor einigen Jahren selbst Herrn Cobden gegenüber gethan habe, daß wir beständig immer mehr Nahrung und Baumwolle für immer weniger Gold, Zinn, Kupfer und Eisen gaben, so werden sie, wie Herr Cobden, mit der Frage antworten: „Liefern wir Euch das Eisen noch immer nicht billig genug, um Euch zufrieden zu stellen?"

Sprechen Sie mit einem Amerikanischen Anhänger jener Schule von dem Pauperismus, der bei uns gerade immer in den Perioden des Britischen Monopolsystems herrschte, so wird er, wie es neuerdings eine Ihrer eigenen großen Autoritäten gethan hat, mit einem Essay über den hohen Preis der Stahlfedern antworten! Sagen

Sie einem Solchen, daß unter allen Arbeit ersparenden Maschinen die edlen Metalle die mächtigsten und wirksamsten Mittel sind; nehmen Sie dann seine Aufmerksamkeit für den enormen Preis in Anspruch, welcher während der ganzen Periode der Buchanan'schen Verwaltung für den Gebrauch jener Maschinerie gezahlt werden mußte, so wird er Ihnen vermuthlich mit der Hinweisung auf den Umstand antworten, wie niedrig der Preis sei, zu welchem Britannien bereit gewesen wäre, Leute mit Kleidung zu versehen, die außer Stande, ihre Arbeit zu verkaufen, kaum ihre Nahrung bezahlen konnten! Dürfen wir uns also wundern, daß die Wissenschaft der politischen Oekonomie durch jene Schule neuerdings in ihrer Ausdehnung so beschränkt worden ist, daß sie jetzt auf die Erwägung der bloßen Acte des Billigkaufens und Theuerverkaufens bornirt bleibt, womit sie sich denn zu einer Art Krämerwissenschaft degradirt findet, dem offenbaren Erzeugniß einer Politik, deren andauernde Tendenz, um mit den Worten Adam Smith's zu reden, auf die Schöpfung einer aus „bloßen Krämern bestehenden Nation" gerichtet gewesen ist? Ich glaube nicht, daß wir uns über diese Erscheinung sonderlich zu wundern haben.

Die eine Waare, die, wie wir wissen, alle Menschen zu verkaufen haben, ist Muskel- und Geisteskraft, und diese muß augenblicklich verkauft werden oder geht für immer verloren. Das Irische Volk verschwendet durchschnittlich neun Zehntel jener Waare, und so lange es in dieser Weise fortfährt, muß Irland in dem traurigen Zustande bleiben, in welchem es jetzt vor aller Welt dasteht. Bei uns wurden unter der Verwaltung des Herrn Buchanan zwei Drittel jener Waare vergeudet, und dieser Vergeudung hatten wir unsern Pauperismus und die vor fünf Jahren zu Tage getretene Schwäche unserer Regierung zu danken. Nur der Ersparniß, welche bezüglich jener Waare durch die Annahme eines National-Freihandelssystems vermittelt wurde, und zwar allein dieser Ersparniß haben wir die seit jener Zeit vollzogenen erstaunlichen Umwandlungen der Situation zu verdanken; und dennoch befinden sich, so seltsam es klingt, unter uns Männer von Intelligenz und Einfluß, welche den Staat zum Zurückgreifen auf jenes Britische Monopolsystem drängen, das unter der Maske des Freihandels uns nicht nur in jedem Falle, in welchem wir demselben unterworfen wurden, völlig gelähmt, sondern auch jeden Freund, den Britannien jemals gehabt und jedes Land zu Grunde gerichtet hat, welches lange genug geleitet worden war, um zur Erprobung der ganzen dem System innewohnenden Fülle von Unheil Gelegenheit zu haben.

Die Welt ist immer mit Worten regiert worden und wird es noch, und einer der am meisten zu diesem Zweck mißbrauchten Ausdrücke ist der hier angeführte sogenannte „Freihandel." Unter diesen Umständen möchte die Frage am Platze sein, was denn eigentlich die wahre Bedeutung sei, in welcher jenes Wort gebraucht wird. Prüfen wir in dieser Absicht die in unserer nächsten Umgebung stattfindenden Operationen unserer Bevölkerung und stellen wir fest, wer denn eigentlich die vollkommenste Handelsfreiheit genießt. Studiren wir auf diese Weise, der wahren wissenschaftlichen Methode gemäß, das Naheliegende, um uns das gehörige Verständniß für das Entfernte aufzuschließen. Dann werden wir jene Freiheit gerade bei denen finden, welche zu den Consumenten ihrer Produkte in der unmittelbarsten Beziehung stehen. Betrachten Sie als Beispiel hierfür die Times, die Tribune, den Herald und die Post, so werden Sie sehen, wie völlig unmöglich es für irgend eine Person oder auch eine Mehrheit von solchen sein würde, die Operationen jener Journale in irgend einer Weise zum eigenen Vortheil zu beherrschen. Fragen Sie die Verleger derselben, so werden Sie bald erfahren, wie vollkommen sie die Thatsache zu würdigen wissen, daß ihre gegenwärtigen und zukünftigen Erfolge gänzlich von ihnen selbst abhängig sind und nicht ernstlich von einer fremden Aktion berührt werden können. Indem sie die Dienste ihrer Journale und das Journal selbst verkaufen, leiden die Eigenthümer derselben in einer Zeit der Crisis wenig oder gar nicht; auch figuriren sie niemals unter den Concursgläubigern. Sehen Sie Sich einmal in Ihrer ganzen Stadt um, ob Sie irgendwo ein anderes Productionsinteresse finden können, welches so gänzlich unabhängig ist. Sie werden, glaube ich, ein solches nicht antreffen.

Betrachten Sie sodann diejenigen Drucker, welche, wie die Herren Harper, ihre Bücher selbst herstellen und verkaufen, so werden Sie ein ganz ähnliches Verhältniß vorfinden. Alles, was sie nöthig haben, ist, wie sie selbst recht gut wissen, zutreffendes Urtheil bei der Auswahl der Bücher, guter Geschmack bei der Anfertigung derselben und gesunde Grundsätze in der Bemessung der Art und Weise, die Erscheinungen dem Publikum bekannt und zugänglich zu machen.

Vergleichen Sie nun mit jener Kategorie diejenigen Drucker, welche für Verleger arbeiten, dann die Druckpapierfabrikanten oder die Buchbinder, so werden Sie einen äußerst abweichenden Stand der Dinge antreffen. Bei der vollkommenen Vertrautheit, die ich mir während eines großen Theils meines Lebens in Rücksicht auf Alles, was mit Papier und Büchern zusammenhängt, erworben habe, kann ich es getrost aussprechen, daß ich kaum eine andere Beschäftigung kenne, bei welcher die Unternehmer mehr von dem Willen Anderer abhängig gewesen, bei welcher eine so geringe Zahl zu Vermögen gelangt, oder bei welcher weniger wahre Freiheit des Handels vorhanden gewesen wäre. Welchem Grunde ist nun diese Erscheinung zuzuschreiben? Offenbar der einfachen Thatsache, daß alle Produkte der Thätigkeit dieser Kategorie von Leuten durch die Hände von Mittelspersonen gehen müssen, ehe sie das Publikum erreichen. Ganz nach der Natur der Mittelspersonen freuen sich die hier fraglichen Vermittler, wenn die Nachfrage nach Papier abnimmt, wenn die zur Herstellung der Bücher dienenden Rohstoffe in Massen aufgehäuft werden müssen, und wenn die Producenten derselben durch die Noth gedrängt werden, zu Preisen, welche keinen Gewinn bringen, und mit langen Krediten zu verkaufen, die Jedermann, der sich zur Gewährung derselben gezwungen sieht, mit Ruin bedrohen. Die größte Annäherung an Leibeigenschaft, die mir in der civilisirten Welt bekannt ist, besteht unter denjenigen Leuten, welche in Manufacturzweigen beschäftigt sind, deren Produkte noch durch mehrere Hände gehen müssen, ehe sie in die der Consumenten gelangen.

Genau so verhält es sich auch mit den Nationen. Frankreich stellt alle seine Produkte im vollendetsten Zustande her, indem es Nahrungsmittel, Wolle und Seide mit einander verbindet und es möglich macht, daß diese Zusammensetzungen schnell in jedes Land, in jede Stadt und in jedes Dorf der Welt gelangen. Darum ist auch unter allen Ländern keins in gleichem Maße unabhängig. Von feindlichen Tarifen wird sein Verkehr fast gar nicht berührt. Von unzulänglichen Ernten oder Kriegen des Auslandes wird es am wenigsten betroffen, und zwar aus dem Grunde, weil es überall einen Markt hat, und weil es für derartige Ereignisse, die in dem einen Lande vorkommen, in einem beträchtlichen Maße in einem andern Lande ausgleichenden Ersatz finden kann. Die Position, die es der gesammten Welt gegenüber einnimmt, ist daher genau diejenige der Eigenthümer Ihrer Journale. So lange Beide fortfahren werden, Waaren zu liefern, welche besser als andere geeignet sind, den Bedürfnissen der Consumenten zu entsprechen oder den Geschmack derselben zu befriedigen, können sie durch keine irgendwo erlassenen Gesetze verhindert werden, ihre gewöhnlichen Märkte zu versorgen.

Gerade das Gegentheil hiervon beobachten wir in solchen Ländern, welche Rohprodukte ausführen. Für sie giebt es keinen Markt, außer in Ländern, welche Manufacturmaschinerie besitzen; denn da, wo es keine Mühlen giebt, wird kein Weizen, und da, wo die zum Spinnen und Weben erforderliche Maschinerie fehlt, wird keine Baumwolle verlangt. Also solche Völker müssen sich dahin wenden, wohin sie können, nicht, wohin sie möchten, so daß sie genau in der Lage sind, welche oben an dem Beispiel der Drucker und Papierfabrikanten gekennzeichnet wurde. Dadurch, daß sie in ihren Märkten beschränkt bleiben, verfallen sie dem Willen der auf jenen Märkten Herrschenden, die sich bekanntlich darauf verstehen, die Methode, die von ihnen einzukaufenden Waaren billiger zu machen, in der Beschränkung der Thätigkeit, in der Verminderung des Geldvorraths und in der Erhöhung des Zinsfußes zu suchen. Auf diese Weise werden alle Rohprodukte ausführenden Länder in einem Zustand der Abhängigkeit gehalten und ihre Angehörigen zu bloßen „Holzhackern und Wasserträgern" für Leute gemacht, deren Gewinne sich in dem Maße steigern, in welchem die ihrigen abnehmen, und ein solches Verhältniß wird ihnen von England als wahre Handelsfreiheit aufgedrungen. Der Tag wird kommen, und ich kann nur hoffen, daß es bald geschehe, der Tag, da man begreifen wird, daß die wahre Bedeutung jener Freiheit Monopol heißt; daß diejenigen die wahren Freihändler sind, welche das National-Freihandelssystem vertheidigen; daß der Weg, der zur Civilisation führt, in der Richtung jener mannigfal-Verzweigung und Ausbildung der Industrie liegt, welche Producenten und Consumenten in die engste Beziehung zu setzen strebt, und daß die Hervorbringung von Rohproducten für den Bedarf fremder Märkte die geeignete Beschäftigung des Barbaren und des Sklaven, und nur dieser allein ist.

Von allen Gemeinwesen, die jemals bestanden haben, hat keins so viel Macht zum Guten und Bösen in Händen gehabt, als gegenwärtig dasjenige, dem wir angehören. Im Besitz von natürlichen Hülfsquellen, deren Umfang fast über alle Vorstellung hinausgeht, bedürfen wir nur der Arbeit und des Capitals, die zur vollständigen Entwickelung jener natürlichen Mittel nöthig sind. Was nun den ersteren dieser Factoren anbetrifft, so brauchen wir nur auf die gewaltigen Niederlagen versteinerter Kraft zu blicken, die sich unter dem Boden befinden, und von welchen ein einziger Scheffel die Arbeit von Hunderten von Menschen zu verrichten im Stande ist. Rücksichtlich des anderen Erfordernisses aber wird sich das Angebot überaus reichlich stellen, sobald die Nation Zweierlei gelernt haben wird, nämlich erstens, daß unconsumirtes Korn und unconsumirte Baumwolle gleichsam ruhendes Capital sind, welches nur auf die Consumtion wartet, um aufs Neue zu Leben und Thätigkeit zu erwachen, und zweitens, daß geistige wie physische Arbeitskraft Capital ist, das augenblicklich nach seiner Production verschwindet, und wenn es nicht sogleich consumirt wird, für immer verloren geht.

Wir haben also nicht nöthig, uns im Auslande nach Capital oder Arbeit umzusehen. Uebrigens sind Beide in verschiedenen Ländern Europas im Ueberfluß vorhanden und haben sich stets bereitwillig gezeigt, zu uns zu kommen, sobald wir eine Politik verfolgten, welche die Arbeit zu sparen, den Capitalvorrath zu vergrößern und so den Zinsfuß herabzusetzen bestrebt war — wie denn die Einwanderung Beider unter der National=Freihandelspolitik von 1828, 1842 und 1861 beträchtlich gestiegen, dagegen unter dem durch die Tarife von 1834, 1846 und 1857 aufgerichteten Britischen Monopolsystem entschieden gesunken ist. Je productiver die Arbeit hier bei uns ist, um so größer muß die Tendenz zur Auswanderung von Europa und zur Hebung der dortigen Arbeiter sein. Je größer bei uns die Capitalansammlung und je vollkommener der Credit der Nation und der Einzelnen ist, um so entschiedener muß die Tendenz zur Ausfuhr Europäischen Capitals und zur Verringerung des hiesigen Zinsfußes ausfallen. Um zu solchen, für die gesammte Welt wohlthätigen Ergebnissen zu gelangen, haben wir nur beständig jene Richtung der Politik einzuhalten, welche die gesellschaftliche Circulation am meisten auspornt, diejenige nämlich, welche es dem Farmer und dem Pflanzer im höchsten Maße möglich macht, das Zinsenzahlen für ihre Producte einzustellen, und welche den Arbeiter augenblickliche Nachfrage nach der Kraft vorfinden läßt, die er zu verkaufen hat.

Solcher Art sind unsere Hülfsquellen. Der Entwickelung dieser in ihrer Ausdehnung unendlichen Hülfsquellen, so weit dieselbe unter dem nationalen Freihandelssystem bereits gediehen ist, haben wir es zu verdanken, daß wir uns in einer so außerordentlichen Probe bewährten, wie sie in gleichem Maße kein Volk der Welt je zuvor zu bestehen gehabt hat. Unser Werk ist jedoch eben erst bei seinem Anfang. Fahren wir in derselben Richtung fort, so werden wir finden, daß das in dem erwähnten großen Monument angelegte Capital ebenso gut angelegt ist, wie das, welches in den New-Yorker Canälen steckt; denn das Ergebniß der Aufführung jenes Monuments hat darin bestanden, den loyalen Staaten die Macht zu verschaffen, sich zum ersten Mal wahrhaft unabhängig zu machen, und zwar ist Letzteres bereits in einem Umfange geschehen, den man vor fünf Jahren nicht hätte voraussehen können. Fahren wir so fort, so werden wir sehen, daß der durch die Ersparung an Arbeit und Zinsen auf Seiten der Individuen vermittelte jährliche Zuwachs des Nationalcapitals bald das Fünfzigfache jenes Zinsbetrages ausmachen wird, dessen Zahlung vom Schatzamt der jene Individuen repräsentirenden Regierung zu fordern ist.

Schließlich erlauben Sie mir noch, Ihre Aufmerksamkeit für die große Thatsache in Anspruch zu nehmen, daß commercielle Macht immer jene mannigfaltige Gestaltung und Vervielfältigung der Beschäftigungen begleitete, welche überall das Ergebuiß der auf die Förderung des inneren Verkehrs zielenden Maßregeln war. Athen leitete mit seinen Bergleuten und Manufacturisten die Griechische Welt. Carthago, welches sich in bedeutendem Umfange auf Manufacturen legte, beherrschte den Handel der Hälfte des damals bekannten Erdkreises. Holland war Herr der commerciellen Welt in jenen Tagen, da die Bürger der Städte am Rhein sich rühmen konnten, „von dem dummen Engländer ganze Felle zu sechs Pence zu kaufen und ihm dieselben in bloßen Schwänzen zu einem Schilling zu bezahlen." Das klüger gewordene England verfährt jetzt ebenso mit uns, und gerade England beherrscht gegenwärtig die commercielle Welt außerhalb Europa's, indem es die Leitung Europa's selbst dem industriellen Frankreich überlassen muß. Dies ist die Lehre, welche die Geschichte giebt, und wir müssen sie jetzt nützen oder für immer die Hoffnung aufgeben, die hohe Stellung einzunehmen, zu welcher unsere natürlichen Hülfsquellen uns so entschieden berechtigen. Nie werden wir aber zu dieser Position gelangen, so lange wir fortfahren, das zu thun, was wir nur zu lange gethan haben, nämlich die Felle zu sechs Pence zu verkaufen und die Bezahlung dafür in den Schwänzen zu je einem Schilling anzunehmen. Dies ist nicht der Weg, der zur Civilisation, zur Macht und zum Einfluß führt. Wie im Gegentheil dieser Weg zur Barbarei, zur Schwäche und zur Abhängigkeit führe, beweist die Erfahrung aller Gemeinwesen, die ihn gegangen sind, und keine so gründlich wie unsere eigene. Sollte ein weiterer Beweis hierfür überhaupt noch erforderlich sein, so bitte ich Sie, die gegenwärtige Lage des niedergeworfenen Südens zu studiren und sich zu überzeugen, wie bald und vollständig der große Baumwollenkönig durch die vereinten Anstrengungen des Hammers, der Spindel und des Webstuhls entthront worden ist. Alsdann richten Sie Ihre Blicke auf den Westen und studiren Sie die kürzliche Erniedrigung fast der ganzen Bevölkerung des großen Mississippithals vor ein paar unbedeutenden Capitalisten, welche auf diese Weise geneigt gemacht werden sollten, ihren gehorsamen Sklaven eine neue Bahn zum Britischen Markt zu schenken. Wer Anderen Achtung gebieten will, muß zuerst lernen, sich selbst zu respectiren, und Letzteres wird unser Volk nicht eher vermögen, als bis es erkannt haben wird, daß der Weg zu Wohlstand und Kraft bei allen Nationen und zu allen Zeiten in derjenigen Richtung anzutreffen war, in welcher man sich bemühte, den Pflug, den Webstuhl, den Amboß und das Schiff in harmonischer Thätigkeit zu vereinigen. Möge unser Volk, meine Herren, sich diese große Lehre endlich einmal zu eigen machen; dann, aber nicht eher als dann, werden wir fähig sein, den Handel der Welt zu leiten und zu beherrschen.

Druck von J. Draeger's Buchdruckerei (C. Feicht) in Berlin.